FAC-SIMILE

DE L'ÉCRITURE

DE

NAPOLÉON BONAPARTE

A DIFFÉRENTES ÉPOQUES DE SA VIE.

Napoléon Bonaparte

né à Ajaccio en 1769, mort à Ste Hélène en 1821.

Buonaparte Commandant l'Artillerie du siège de Toulon, au Général Cartaux.

Redoute de la Convention

L'on travaille au chemin. mais les hommes sont fatigués. veuillez, général, nous envoyer 400 hommes pour travailler le plus tôt possible enfin qu'à pointe du jour le chemin soit fait

je vais faire placer 2 pièces de canons sur la gauche au poste le plus avancé.

le général garnier va faire avancer la pièce de quatre sur le chemin de gauche jusqu'à la plaine. je lui donnerai deux nouvelles pièces de quatre.

Le Commandant de l'artille

Buonaparte

P. S. 200 hommes de ces 400 iront au parc prendre des outils ~~les~~ ordres sont donné

au général Cartaux

Apostille d'une lettre adressée de Milan, le 8 Fructidor an 4, par Bonaparte Général en Chef de l'Armée d'Italie, au Général Baraguay d'Hilliers.

Renvoyé au général commandant la Lombardie

Bonaparte

Apostille d'une lettre adressée de Malmaison, le 30 Fructidor an XI, au Citoyen Général Soult, Commandant en Chef le camp de Boulogne, par Bonaparte Premier Consul de la République Française.

[illegible]

Bonaparte

Note adressée par Napoléon Empereur des Français au Duc de Bassano, Ministre secrétaire d'État, le 20 Avril 1811, à 2 heures du matin.

[illegible]

Napoléon

Fragment des Mémoires écrits par Napoléon à Ste Hélène; communiqué par le Général Comte Bertrand. —

Fragment des Mémoires écrits par Napoléon à Ste Hélène; communiqué par le Comte de Las Casas. —

Lettre écrite à Ste Hélène par Napoléon au Comte de Las Cases qui lui donnait des leçons d'Anglais.

count lascases — since sixt week j learn the english and j do no
any progress. six week do fourty and two day. if might have
learn fivty word for day j could know it. two thousands
and two hundred. it is in the dictionary more of fourty
thousand even he could most twenty bout much of tems.
for know it or hundred and twenty week which
do more two yars after this you shall agree that to
study one tongue is a great labour who it must do
into the young aged.

Lonwood. this morning the seven march. thursday one thousand eight hundred
sixteen after the nativity the yors jesus christ.

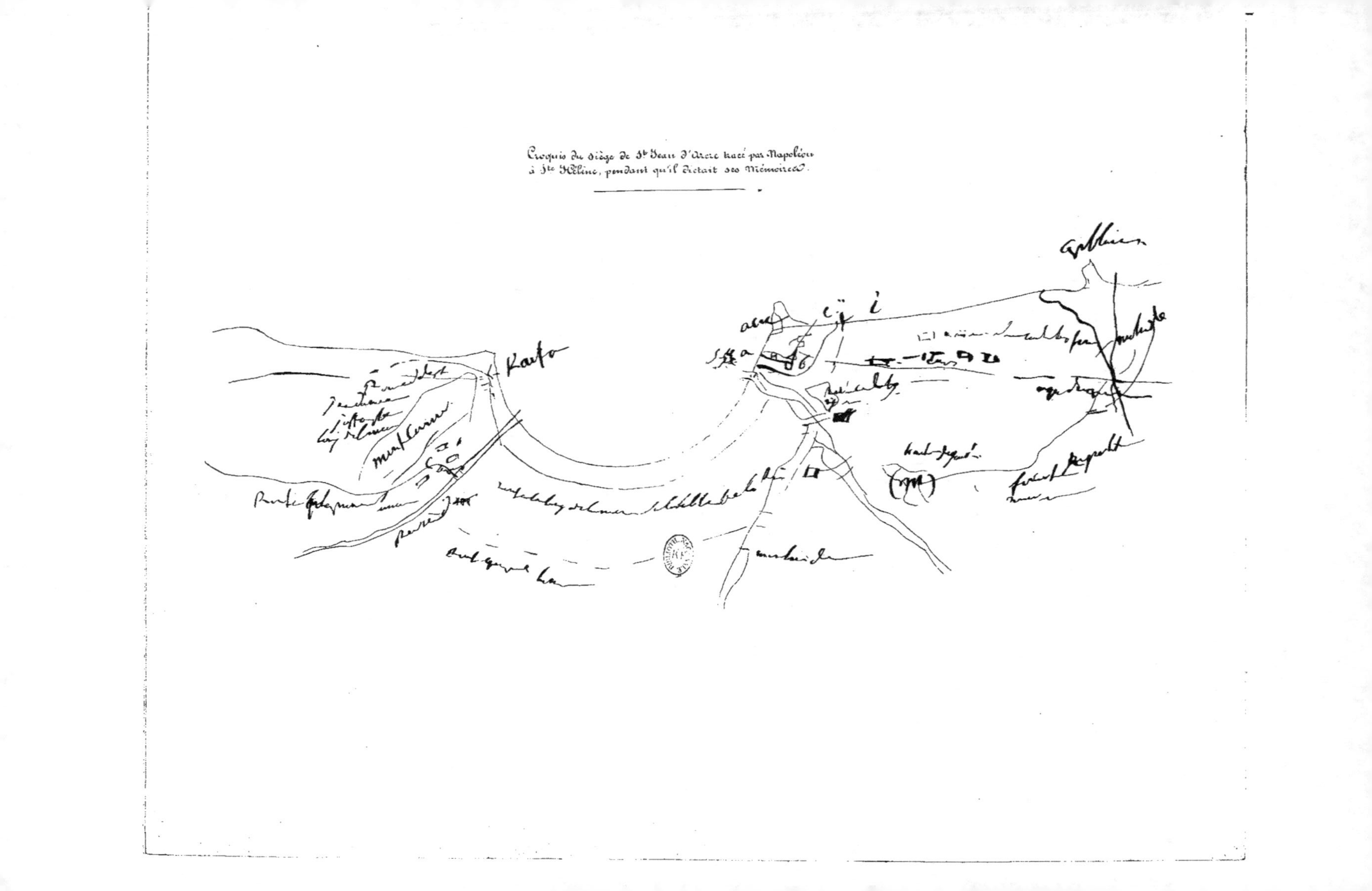

Croquis du siège de St Jean d'Acre tracé par Napoléon à Ste Hélène, pendant qu'il dictait ses Mémoires.

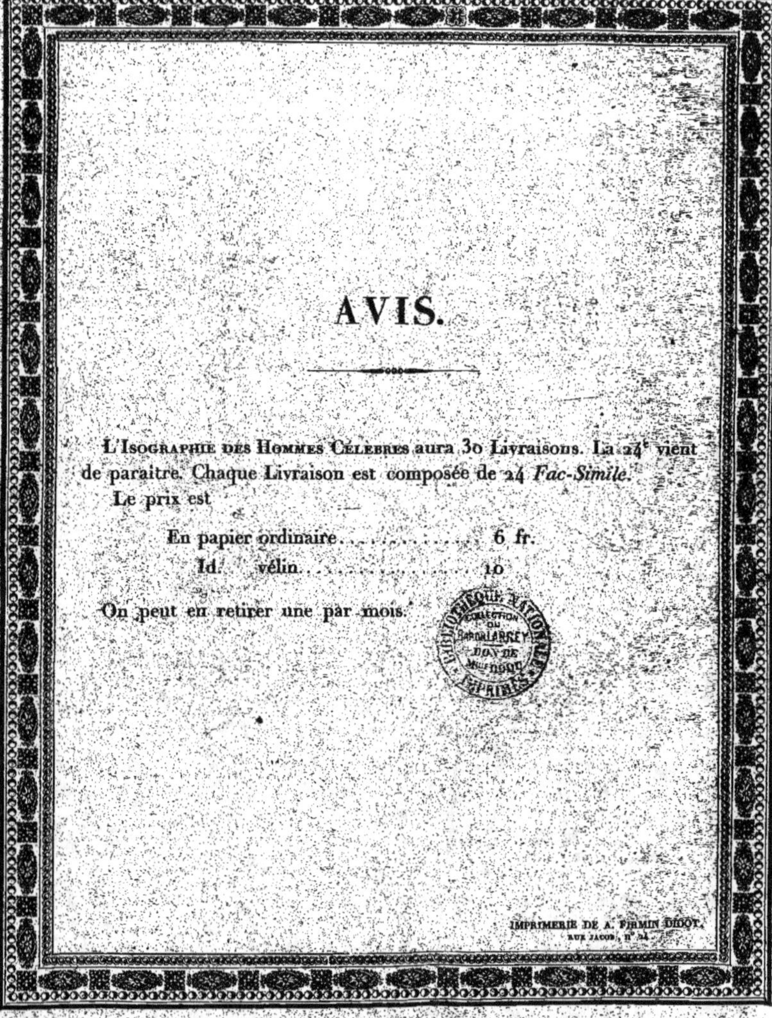

AVIS.

L'Isographie des Hommes Célèbres aura 30 Livraisons. La 24e vient de paraitre. Chaque Livraison est composée de 24 *Fac-Simile*.

Le prix est

En papier ordinaire.............. 6 fr.

Id. vélin.................... 10

On peut en retirer une par mois.

IMPRIMERIE DE A. FIRMIN DIDOT,
RUE JACOB, n° 24.

www.ingramcontent.com/pod-product-compliance
Lightning Source LLC
LaVergne TN
LVHW050431060726
842526LV00007B/2533

* 9 7 8 2 0 1 4 4 5 0 8 3 5 *